黄荣华（Eva Wong）女士

澳大利亚新英格兰大学咨询学硕士，人本教练研究中心创始人，公益活动"成长心连心"创办人。著有《人本教练模式》及配套系列效率手册、《凡尘中开悟》等。

梁立邦（Lawrence）先生

拥有文学学士、企业管理硕士及心理学硕士学位，目前为人本教练研究中心教练。著有《人本教练模式》及配套系列效率手册、《懒猪不二》、翻译作品《教练技术：教练学演变全鉴》。

九点领导力的训练是一个心态调适的过程,是一段心灵的旅程,这段旅程可能不是一帆风顺的。当你有任何需要时,都可到我们的网站寻求专业教练的帮助,我们的网址是:

www.rencoaching.com。

人本教练模式系列效率手册

九点领导力之
/感召篇/

[加] 黄荣华　[加] 梁立邦　著

浙江工商大学出版社
ZHEJIANG GONGSHANG UNIVERSITY PRESS
·杭州·

图字：11—2024—322

图书在版编目（CIP）数据

九点领导力之感召篇 /（加）黄荣华，（加）梁立邦著. -- 杭州：浙江工商大学出版社，2024.10. --（人本教练模式系列效率手册）. -- ISBN 978-7-5178-6089-1

Ⅰ. C933-49

中国国家版本馆 CIP 数据核字第 2024UZ2415 号

九点领导力之感召篇
JIUDIAN LINGDAOLI ZHI GANZHAO PIAN
［加］黄荣华　　［加］梁立邦 著

策划编辑	郑　建
责任编辑	高章连
责任校对	韩新严
封面设计	亢莹莹
责任印刷	祝希茜
出版发行	浙江工商大学出版社
	（杭州市教工路198号　邮政编码310012）
	（E-mail：zjgsupress@163.com）
	（网址：http://www.zjgsupress.com）
	电话：0571-88904980，88831806（传真）
排　　版	程海林
印　　刷	文畅阁印刷有限公司
开　　本	880mm×1230mm　1/32
印　　张	6.5
字　　数	118千
版 印 次	2024年10月第1版　2024年10月第1次印刷
书　　号	ISBN 978-7-5178-6089-1
定　　价	48.00元

版权所有　侵权必究

如发现印装质量问题，影响阅读，请和营销发行中心联系调换
联系电话　0571-88904970

目 录

第一部分　理论介绍

01　关于效率手册　/ 003

02　关于感召　/ 007

03　行前测试　/ 031

04　自我检视　/ 032

第二部分　具体操作

01　发掘理想　/ 047

02　发挥印证　/ 103

03　启发展现　/ 153

第三部分 **总结补充**

01 总结 / 191

02 感召合约 / 196

附录 / 197

参考文献 / 200

第一部分

理论介绍

关于效率手册 ①

感召力训练四步曲

祝贺你选择了这本《九点领导力之感召篇》，这表明你已迈出了释放你的感召力的第一步。接下来，简单地说，只需四步，三个月后，你会发现，你的这种与生俱来的感召力将会得到充分发挥！

>>> **第一步** 选择本效率手册

你已完成了！

>>> **第二步** 感召力测试

你可登录人本教练研究中心网站 www.rencoaching.com，测试你的感召力的运用情况，根据测试报告，来设定、检视并修正自己的目标和行动计划。

>>> 第三步　按部就班

你只需要跟随本效率手册的进度，认真练习，就能掌握感召力，脱胎换骨，踏入人生的另一个阶段。

>>> 第四步　成功总结

祝贺你，又有了一次成功的体验！这是成功的一刻，是开心的一刻，你的心里一定有很多的感受，把它们写下来，然后，尽情地享受这美妙的时光吧！

重要建议

"人本教练模式系列效率手册"共有九本，根据人本教练模式的理论，九点领导力的起点是激情，有了激情，然后做承诺，采取负责任的态度，欣赏身边的一切，心甘情愿地付出，信任他人，开创共赢的局面。这些过程会激发更大的激情，从而感召更多的人参与，创造更多的可能性（详见《人本教练模式》，北京联合出版公司2017年版）。你可以按照此顺序进行领导力训练。

九点领导力训练是一个心态调适的过程，是一段心灵的旅程，这段旅程可能不是一帆风顺的。当你有任何需要时，都可到我们的网站寻求专业教练的帮助，我们的网址是：www.rencoaching.com。

感召能力应用篇

教练是一门通过完善心智模式、调适心态来发挥潜能、提升效率的管理技术。通过调适信念和心态,在过程中寻找自己的答案,拟订行动计划,以创造符合目标的未来。教练在调适阶段发挥作用,教练是调适的有效工具。(详见《人本教练模式》,北京联合出版公司 2017 年版)

关于感召 02

为何要感召

你想激发团队成员的共同理想吗？你想唤起孩子对学习的浓厚兴趣吗？你想通过自己令身边的人和社会不断进步吗？你想拥有非权力的领导力而成为卓越的领导者吗？

如果答案是"想"，那么，你就应该拥有这种领导力，即感召力。

在教练领域，感召力指的是领导者吸引并积极影响他人的一种能力。感召不是依靠权力，而是通过理想，让对方看到新的可能性，从而在心态上主动改变。因此，真正的领导是通过感召来实现的。

要想学会感召的领导技巧，你需要了解并实践感召的"三端":理想、印证和启发。只有拥有发自内心的改变的理想，人才会主动做出改变。如果你没有改变的理想，那么任何人都不可能让你发生改变。

当然，理想只是第一步，因为改变需要勇气和能力，更重要的是需要一个尝试的空间。尝试是发展可能性的基石。每一次尝试，都会缩短人们的理想与现实的距离，直到将可能性变为现实性。因此，你需要发掘自己的理想并学会制订可行的行动计划。在本效率手册的第一部分中，你会被要求参加一个为期两周的可能性心态训练营，这让你有机会通过创造可能性品尝到成功的滋味。

$$理想 \Longrightarrow 可能性$$

有了目标清晰的理想、品尝过成功的滋味、收获了可能性的成果后，第二步你需要学习如何发挥印证的作用。印证是"言行一致"的表现。"言行一致"是感召的重要链条，连接着感召的各个阶段。如果企业或个人"言行不一致"，即使曾经感召到对方，对方也会因自己的真实体验而停止被感召。感召者需要有坚定的心态来体现自己的"言行一致"。因此，本效率手册的第二部分是让你学会巩固心态、应对挫折批评和驾驭负面的情绪。

理想 ⟹ 可能性 ⟹ 印证

本效率手册的第三部分是有关启发的训练。作为感召的表现形式，启发的作用是让对方产生联想，从而帮助对方寻找并确定理想。感召采取的邀请方式是激发被感召者采取行动，参与游戏。因此，学会启发的技巧是必要的，例如口碑传播、沟通方式等，这些技巧都可以让你的感召更具感染力。

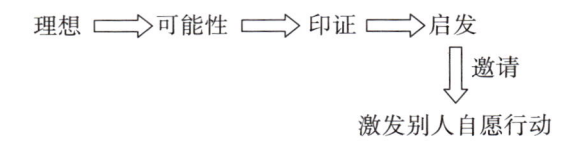

理想 ⟹ 可能性 ⟹ 印证 ⟹ 启发
　　　　　　　　　　　　　　⟱ 邀请
　　　　　　　　　激发别人自愿行动

无理想，你永远不会成为赢家

人得学会走路，也得学会摔跤。而且只有摔过跤，人才能真正学会走路。

理想，是每个成功人士必备的内在要素。

你有理想吗？

其实，每个人都有理想。有人希望过上高质量的生活，有人则希望改造社会。但是由于生活中有诸多挫折，或被日常琐事烦扰，许多人把自己的理想永藏心底，宣告它已经死亡，或通过贬低理想的价值和嘲笑追求理想的他人，来达到自己内心的平衡。不过，成功实现理想的人已经证明，假如一个人没有理想，那么这个人就注定永远不会成为赢家。

谦　虚

谦虚的人不会执着于过去和经验，相反，不谦虚的人会自信于自己的执着，认为自己是对的。这样的人认为自己洞察世事，认为一切事情都如他所料。即使他承认某件事情是自己做错了，但是马上，他就能为自己找到很多理由，去证明他另一方面是对的。这样不谦虚的人不可能学会如何分析事情，他也不可能把可能性激发出来。

社会心理学中讲到，人都会有自我中心偏差（Egocentric Bias），意思是，人往往会选择性地以自己的观点来记忆社会的信息。例如，当一个人犯错时，如果他认为自己是对的，便只会记忆一些支持自己是对的的事情。那些表现出自我中心偏差的人，就是不谦虚的人。他们只会用自己的观点看世界，不能用谦虚的心态接收世界的信息，从而少了很多激发自己的可能性的机会。

谦虚的人面对残局，他们不会询问为何有这样的残局，不会埋怨过去，只会将焦点放在将来，接受此时此刻的情况，并努力改变。这样的人，可能性就在他们面前展现。美国心理学家威廉·格拉瑟（William Glasser）的现实治疗法认为，解决问题的重点应该不只在此时此刻，还在于远眺将来。纠缠于过去的问题是没有意义的，因为问题已经发生，无法改变。只有着眼于将来，才能激发更多的可能性，有效改善状况。人本教练模式也提出，纠缠于过去会使人不谦虚，放不下"有"，从而不能产生可能性。

梦想、信念、果敢、实践

迪士尼乐园（Disneyland）算得上孩子们的天堂，一直深受世界各地孩子们的喜爱。那么，它是如何取得成功的呢？

华特迪士尼公司（The Walt Disney Company）的创始人华特·迪士尼（Walt Disney）有一位很严肃的爸爸。在华特父亲眼中，华特就是个败家子，整天只知道画些没用的东西。但华特对于自己的志向很坚定，他决定以后要不就当演员，要不就当画家。华特从小就很调皮，做事情前也不太会认真考虑后果。多年后他的父亲也说："华特就是这样，他想做什么就会去做，一点也不考虑后果。他不会管自己有没有办法做到，只要有了新点子，他就会马上尝试。我想这就是他会成功的原因，他一直有坚持自己信念的勇气。"

建造首座迪士尼乐园，是华特迪士尼公司最大最危险的一场豪赌。兴建期间，华特迪士尼公司一直缺钱，然而任何人都无法阻止华特,他凭着自己的执着最终建成了这座乐园。华特只热衷自己的梦想,完全不在乎要花多少钱。当别人向他抱怨时,他问道:"你知道人生最惨的是什么吗?"别人问:"是什么?"他回答:"破产!"别人附和道:"嗯!我想也是!"华特又说:"可是我对破产的看法是,我这一生已经破产过五次了,再破产一次也无所谓了!"

迪士尼乐园开始营业时,大多数人预测这座乐园半年内就会关门大吉。因为迪士尼乐园一不卖酒,二要买票才能进场,三是维持园内环境卫生的费用高得惊人。可是结果却让人大跌眼镜,迪士尼乐园在开园前八周就卖出了一百万张门票,同时售出了上百万件相关产品。

华特是个梦想家,面对未来,总是有创意、有决心,又有冲劲,还有宏观的视野,能够看到团队的整体表现。"梦想、信念、果敢、实践"这四个概念激荡出华特迪士尼公司几十年来的非凡成就,也成就了一个完美的企业典范,创造出了独一无二的迪士尼王国。华特迪士尼公司的成功源自创意,在完美的背后,更撼动人心的是从华特到其团队不断追求梦想的辛勤努力,"傻里傻气"的执着,以及在追求过程中遭遇的所有失败与挫折。

华特的故事感人吗?凭借自己的愿望、理想和坚持,他成功创造出了属于自己的梦想王国,还为全世界的人们带来了欢

第一部分 理论介绍

乐。有人认为他是少数、独特和幸运的人，在这个世界上，没有几个人能像华特一样梦想成真。在公共场合，我们经常能听到其他人说"我们要脚踏实地干活"。偶尔有同事出国进修或转行追寻梦想，在办公室的一角，有时会听到其他同事对这位追梦者的揶揄，例如"他总是爱做梦，一年内他必定会后悔，因为外面的工资比这里低多了，我们不应该这样做梦"。这里的"我们"包含了两层意思：第一，说这句话的人其实自己的梦想已死；第二，说这句话的人在尝试说服其他人跟他一样"不要做梦"，这是一种非常自私的行为。

一千零九次拒绝背后

你是否知道哈兰德·桑德斯（Harland Sanders）上校的故事？或许你知道他是美国跨国连锁餐厅肯德基的创办人，但你知道他是如何建立起这么成功的事业的吗？是因为他出身富豪之家，毕业于著名学府吗？又或是因为他在年轻时便投身这项事业吗？上述的猜测全都不对。事实上，桑德斯上校是在六十岁左右时才开始创立这项事业的。究竟是什么原因使他拿出勇气来创业呢？其实很多人都不太敢相信这个事实：当时的桑德斯上校不仅身无分文，而且孑然一身。当他取得生平第一张救济支票，上面的金额只有一百零五美元时，他的内心极度沮丧。

然而，他并不责怪社会，也没有做出任何反政府的行为，只是心平气和地问自己："到底我对他人能做出什么贡献呢？我有什么可以回馈社会的呢？"随后，他仔细分析了自己的所有资源，并试图找出其中能有所作为之处。他仔细想了想，觉得自己拥有一份许多人都喜欢的炸鸡秘方，只是他心中仍然盘算着是否有餐厅需要、这样做是否划算等问题。最后，他想到了一个好点子：不仅售卖这份炸鸡秘方，同时还教导开店的人如何运用——怎样才能做出美味的炸鸡。如果店铺的生意因此提升，他也能由此获得一部分利润。

创业初期，很多人当面取笑桑德斯上校，认为他是个骗子，如果他有这么好的秘方，为什么他自己穿得这么寒酸。然而这些话并没有使桑德斯上校萌生退意。最后终于有人接受了他的点子。你知道他被拒绝了多少次吗？一千零九次。在最初的两年时间里，他驾着一辆又旧又破的老爷车，踏遍美国的每个角落，困了便睡在后座，醒来又继续推销他的点子，给人示范如何做炸鸡，这亦是他经常果腹的餐食。现实中，有多少人能够在被拒绝一千零九次之后依然锲而不舍呢？有多少人在经受如此多的挫折与失败之后还依然坚持自己的梦想呢？

品尝生活，经营梦想

汇才人文机构的创办者黄荣华女士，是一位出生于中国香港的传统职业女性。她曾经是一个称职的家庭主妇，工作轻松稳定，生活平淡。有一天，她忽然开始思考生活的意义，发现在这种没有变化和激情的状态下，自己的生活没有一点味道，便开始反思人生的真正价值。于是，她走出婚姻的禁锢，走出传统的约束，一个人背着包，游历了十几个国家。也许是游历对她产生的强烈冲击，也许是截然不同的生活所造成的巨大反差，让她敏感地发现，人们总是很容易被禁锢在笼子里，而且是长时间生活在固定的笼子之中。有的人虽然不满于笼子的禁锢，但却缺少走出去的勇气。她觉得自己就是那个跳出了笼子的人，由此精神才得以自由驰骋，她对未来才充满希望。她得到的更大的启示是关于笼子形成的原因。每个人的人生都是由自己设计的，每个人都在为自己编制生命的笼子，外在因素只能加速笼子的形成。人一旦安于笼内的生活，就没有人能够改变他，除非他自己愿意改变。笼子的存在并不是所有人都能感觉到的，笼子的边界也不是所有人都能看明白的。

在加拿大驻华大使馆担任商务官员期间，黄荣华女士接触了当时刚进入市场的体验式训练。她很快就喜欢上了这种训练的职业，于是立志做一名导师，通过训练帮助他人成长。她的梦想包含了她的价值取向，她曾说自己有非常浓厚的中国情结，所以她想为国内的人们做点实事。于是，她经常与国际机构和其他国家的人交流，熟悉国际文化，希望把西方的方法论介绍给国人，为中国的管理者和企业助一臂之力。

周围的朋友逐渐被她感召，在精神和行动上支持她的选择，汇才人文机构由此在中国香港的一间小屋里诞生。后来，她多次到国外进行训练，这些训练让她明白，人性是相通的，人类是一个整体，在中国适用的训练方法，在俄罗斯一样能发挥作用。后来这个认知让她决心向全世界推广汇才人文机构总结的经验。她创造了有中国传统文化特色的"人本教练模式"。

黄荣华女士坚信，汇才人文机构的梦想是大部分人的梦想。不少人在目睹了汇才人文机构的成功经营后，看到了帮助他人实现梦想的价值，看到了汇才人文机构的广阔市场空间，便迫不及待地克隆模仿，以至于汇才人文机构背后的跟随者络绎不绝。黄荣华女士感召越来越多的人加入，汇才人文机构不断壮大，规模从最初的几人发展到如今的三百多人，客户遍布国内的各大城市。她认为，感召带来了市场上可以看见的力量，还带来了很多无形的推动力。汇才人文机构的梦想和经营理念，得到众多学员的支持，受到大量媒体的关注，加拿大、美国等国家驻中国大使馆的官员对汇才人文机构的发展也给予了大力支持。

因为黄荣华女士对梦想的坚信和坚持，以及她身体力行地进行感召，汇才人文机构在成长过程中才一次又一次地渡过难关。

经受住挫折与失败 ⟹ 成功的要点

　　上文提及的三位成功人士，他们都有一个共同特点——不轻易被"拒绝"打败，不达到理想、目标或心愿绝不放弃。比如华特·迪士尼，为了实现建立"梦想乐园"的理想，四处向银行申请融资，纵然银行认为他想法怪异，他被多次拒绝也仍不放弃。正因为他对梦想的坚持，他的"梦想乐园"才得以建成。

　　你被他们的故事感动了吗？
　　如果"是"，你已经被他们感召了！

什么是感召

人本教练模式对感召所下的定义是：激发他人的理想，从而使其自觉采取行动。感召的原因是理想，出发点是不断印证，主要表现是启发。"感召"字面上的意思很简单，然而能做到的人却很少。因为当我们认真分析成功人士的内在素质时，会发现他们不仅拥有远大的理想，还拥有无比的毅力。最重要的是他们意志坚定，理想、心态和行为三位一体，一致朝目标勇往直前。只有具备这样的内在素质，并不断追求理想，才可以感染其他人。

感召是一个助人助己的过程，若是自己都不想改变，就遑论感召别人；若是自己仍有欠缺，即使心中希望帮助别人，能力恐怕仍有限制。

如果你未能达此境界，也别气馁！

如果你心存梦想，渴望与华特·迪士尼、桑德斯上校和黄荣华女士一样，用自己的理想来震撼、成就和激励他人，你可以尝试运用人本教练模式的感召训练来达成目标。

然而，这是一个很艰辛的过程，就像前文提及的三人的遭遇一样，他们锲而不舍地追求理想，同时感召其他人一起追求理想，但在这个过程中将会遇到很多挫折和失败。要知道，人不会在三个月内便梦想成真。所以请谨记：完成此练习后，并不等于你立刻就拥有了感召能力；你必须持之以恒，努力练习后文中提及的要点。

感召理论

叶椒椒曾说："有效的领导是组织生存和成功的关键，组织的活动就是领导成就的体现。"感召是引发群体活动的重要力量。领导者之所以被称为领袖，是因为有一大群人跟随着他。领导的核心是什么？是发挥权力？是使用金钱？还是吹捧哄骗？也许有的领导者会将这些方法视为法宝，但这些方法仅仅是控制、交换和欺骗而已，并不是真正的领导。真正的领导是感召，领导是通过感召实现的。

在人本教练模式中，要学会感召的领导技能，需要先了解及实践感召的"三端"：理想、印证和启发。感召是影响和改变他人心态和行为的能力，也是激发他人自愿行动的能力。感召不同于命令，命令是权力的一种表现，感召则是一种启发和邀请。领导者感召对方改变心态只是第一步，这一步仅仅是激发对方的理想。如果在这里停滞不前，感召就没有完成。因为知道不等于做到，想做不等于已经做了，所以还要感召对方采取行动，这一步使用的方法是诚心邀请。

在管理心理学中，领导是个人向其他人施加影响的过程。

其中比较有代表性的观点是约翰·弗兰奇（John French）和伯特伦·瑞文（Bertram Raven）在1959年提出的认同权力（Referent Power）。认同权力是指下级对领导者的认同，它以领导者对下级的吸引力为基础。虽然弗兰奇和瑞文所提出的领导是以权力为基础的，但是他们认为领导的本质是被追随，因为有人希望追随他人从而使领导成为可能。只有为人们提供实现愿望、满足要求和需要的支持，才能促使人们开始追随。

有的行为心理学家认为，领导是通过人际关系的交互接触，影响团队的每一分子，激发其努力实现组织的目标。因此，领导与人际关系能力有密切关系。心理学家弗雷德·菲德勒（Fred Fiedler）用因素分析法研究领导行为，认为领导行为包括四种因素：支持（Support）、促进交互关系（Interaction Facilitation）、强调目标（Goal Emphasis）、协助工作（Work Facilitation）。他认为领导者是组织中的一个角色，而领导是一种人与人之间的关系，也是人与工作的关系、人与目标的关系的一种表现形式。这种理论指出，在普遍的商业社会中，公司员工和领导是纯粹的互惠互利关系。在一般情况下，如果领导能准时发放工资，提供和谐的工作环境及气氛，员工便乐意留在公司工作。但是，这种理论并不能解释为什么我们常常能听到有人这样说："这家公司很不错，领导也很好，只是我已经达到了瓶颈。"领导也许可以像菲德勒所说的那样，与员工的关系不错，有适当的支持来减轻员工压力，也有激发员工努力达成目标的手段等，但最终员工还是选择了离开。站在员工的立场，也许他对领导是满意的，对目前的状况也是满意的，但是从公司的发展、公司的策略以及个人的发展等方面判断，个人升职的机会非常小。从领导身上，他看到出路很少或根本没有出路，感觉自己的发展达到了瓶颈，所以最终选择离开。人才的流失源于员工对未来的预见，这证明领导感召不了员工对自己未来的预见。

在商业心理学中，领导者的影响力分为权力性影响力和非权力性影响力。权力性影响力通过强制性的手段达到目的，并没有太多商量的余地。非权力性影响力又叫自然影响力，指的是因领导者自身的因素而自然形成的一种作用力。

在教练领域，将非权力性影响力叫作感召影响力更为贴切。感召影响力是领导者感召他人的能力，感召是通过对理想的激发，让对方看到新的可能性，从而在心态上发生改变。教练的焦点在人，人是动态的，充满了很多的可能性。教练着眼于挖掘人的潜能，致力于帮助被教练者发现并打开各种自我设限的框架。

教练技术和传统的管理方法有很大不同，它们的区别主要在人和事上。金柏杨指出，传统管理注重事情和结果，通过控制、命令等单方向管理方式，由上而下地管理和分派目标，是一种对事不对人的管理方式。教练技术则把焦点放在人身上，认为只有人的问题解决了，事情才能得到根本性的解决，是一种对人不对事的管理方式。教练也很关注目标和结果，但教练不是直接将力量集中在目标和结果上，而是将力量集中在可以达到目标和结果的人身上，通过感召对方确立清晰的目标，使对方采取有效的行动。

与理想接轨

长期以来,人们都把理想提到一个很高的位置。事实上,理想并不是高高在上的,也绝非虚无缥缈的。它存在于每个人的生活中,指引我们前进的方向。有一个成语叫"望梅止渴",讲的是人心态上的变化带来了行为上的改变。"望梅止渴"说明一个道理,要想让别人自愿改变行为,一定要先打动他,激发他内心改变的渴望,激发他对改变结果的无限向往和追求。感召是对理想的感召,感召的理想是能深深地打动人心的理想。

感召的形式有两种:第一种是激发他人的理想;第二种是鼓励他人自愿追求自己的理想。

每个人的理想和目标不同

若希望打动人心,首先必须理解人类的动机需求。著名心理学家亚伯拉罕·哈罗德·马斯洛(Abraham Harold Maslow)所提出的需求层次理论(Hierarchy of Needs)将有助于你了解人类动机的结构与发展。马斯洛认为,人类有五种主要的需求，由低到高依次排列，当低层次的需求被满足后，才有机会发展出高层次的需求。每个人的动机的结构与发展情况不同，但是任何一种需求并不会因为更高层次需求的发展而被消灭，各层次的需求之间相互依赖与重叠，高层次的需求发展后，低层次的需求仍继续存在，只是对人们行为影响的程度降低了而已。

马斯洛的理论在工作激励研究方面的贡献在于，我们在工作激励中要考虑个体需求的差异，并根据个体的不同需求采用不同的激励措施。人本教练模式与马斯洛的理念不谋而合，认为每个人的内在动机都是独特的、不同的。因此，领导必须清楚员工的不同之处。能打动对方的理想就是对方所向往的真正理想。领导要把员工的理想挖掘出来，然后进行目标化，从而真正地使员工自发地向理想前进。

另外，弗雷德里克·赫茨伯格（Frederick Herzberg）的双因素理论（Two Factor Theory，也称为"激励—保健"理论）认为，每个个体都具有一些本能需求，例如寻找挑战、寻求刺激、寻觅自主等。这些需求会通过人们工作中的责任、独立工作的自主性、完成困难任务后受到的承认等得到满足。总而言之，这些需求的满足来自工作本身，而不是工作的条件和背景。因此，感召者在感召时应把焦点放在人及其真正的需要、理想上面。

印证——言行一致

公司领导者是公司的感召者,他感召员工向他认为是对的方向发展。如果公司员工感觉到他所说的与所做的差距太远,认为他说的话不过是想诱导大家更好地为公司卖力,那么公司员工就会将公司在其心中的地位降级,开始重点为自己的前途计划。慢慢地,领导者会成孤独的个体,追随者也不过是为了利益而追随他。

因此,言行一致对感召者来说非常重要。约翰·贝曼(John Banmen)指出,萨提亚模式认为人皆可以并且需要达到内心和谐一致,内在的矛盾一旦化解,原来有冲突的部分便能一起运作,这是使人更为圆满整合的内在经历。内心和谐一致的人心态平稳,与己与人都能和睦相处,他的生命力因而源源不绝。

美国著名的心理学家卡尔·罗杰斯(Carl Rogers)在《论人的成长》一书中提供了一些可以帮助来访者性格成长的基本条件,其中最重要的一项就是表里一致(Congruence)。罗杰斯认为个人成长中的一个重要的问题,就是真实的我(Real-self)和理想的我(Ideal-self)之间存在一些争执和矛盾,而不能做到表里一致。这些矛盾会影响个人的自我价值观,个人会因为想努力做到理想的我,而忘了看看自己在真实世界中究竟是什么样子。这些矛盾常常存在于人们的想象与真实之间,往往会造成失调的情形,而这些失调是人们可见的。

资深领导力教练金伯杨也指出,言行之间的鸿沟很快会被人识破,言行之间的缝隙需要及时修补。言行一致是感召中的重要链条,如果言与行各行其道,即使曾经感召过对方,对方也会因自己的真实体验而停止被感召,中断对感召者的信任。

启　发

　　感召采用邀请的方式来引发对方的行动。当对方被邀请时，他就有了选择权，可以选择行动或者拒绝。黄荣华女士指出，启发的形式是开导，是开放式的沟通。启发的目的是领悟，帮助对方明白事理。同样地，罗杰斯认为要对人性抱有非常积极的看法。他认为，人大多是善良、理智、仁慈、现实、进取、可信赖和有目标的。因为人有责任感，所以能和谐地与别人合作，共同迈向成功。罗杰斯相信人是有能力指引和掌管自己生活的，这与金柏杨对感召中的邀请的看法是一致的。金柏杨认为，邀请是尊重对方的信号，显示出双方的平等关系，体现出把对方放在了重要的位置。邀请同时显示出感召者的自信，相信对方能够用行动来满足他的需要，实现他的追求。

　　成功感召的关键在于打动人心（Being Moved）和令对方有所启发（Being Touched）。在感召过程中，理想和印证令感召者自然展现出迷人的领导风范。那么，这种领导风范如何使对方激发理想，与感召者一同朝目标前进呢？答案就在于感召者要能够打动对方，令对方深受感动。当对方感动时，他会回想自己的过去、真我价值、身边的人或事。这时候通过感召者的邀请及教练技巧，对方便会自信心倍增，愿意朝自己的理想迈出一大步。

总的来说，在西方心理学中，人本主义心理学的理论最能支持人本教练模式中感召领导力的观点。两者都把可能性聚焦于人的身上，都相信人是有潜能的、可信赖的和可掌管自己生活的。正如黄荣华女士相信的，如果感召的目标是激发一个人去实现他生命中的远大理想，那么，感召将会陪伴他的一生。

行前测试 03

现在，请你先登录 www.rencoaching.com，完成自我测量表。

自我测量表指引（网上测试）

第一次测试在开始使用本效率手册之前，建议你现在就用不超过10分钟的时间来测试，第二次测试在三个月后你成功的那一天。

需要提醒你的是：最佳的测试是用你的直觉来判断，请跟随直觉来回答而不是依靠分析或听从他人的引导，只有你最了解你自己。

04 自我检视

感召的原因是理想，你的理想是你的目的地，内心的渴望便成为实现理想的最大驱动力。

你的理想是什么？有些人很快便能回答，有些人活了几十年也搞不清楚。理想是感召力培养的第一步，请你用十分钟时间完成下面的检视表。检视表中的答案并没有对错之分，你只需要跟随自己的感觉去完成。

下面列出了四种表情符号，分别表示你的不同感觉。现在，请你用这四种符号，来表示你在生活中不同项目上的过去、现在和将来的情况。

举例：

☹	😐	☺	😀
灰心、失望	普通、没什么感觉	颇满意	充满盼望

项目	过去	现在	将来
事业	☹	😐	😃
爱情关系	☺	😐	☹
家庭关系	☺	😐	😃
学业	☺	😐	😐
健康	☺	😐	☺

你的生活情况：

☹ 灰心、失望　　😐 普通、没什么感觉　　☺ 颇满意　　😃 充满盼望

项目	过去	现在	将来
事业			
爱情关系			
家庭关系			
学业			
健康			

你是否希望未来会更好？在刚才所填的检视表中，你有多少个"笑脸"或"大笑"的表情符号出现在"将来"一栏

第一部分　理论介绍

中呢？

如果"笑"的表情符号占了多数，那么恭喜你，请你继续努力保持这种心态，以"笑"的心态迎接未来。

如果不开心的表情符号占了多数，你也不必灰心，可能是因为过往的挫折在某个关键环节把你压制住了。你现在要做的是振作起来，因为未来成功的关键是你现在的正确判断和内在素质的培养，而你的成功经验也将得益于过去受到的挫折。

人生有限，时间不等人，想要未来"笑容"常在，就请你把握现在，立刻开始行动吧！

下面，请你先做一个测试。

步骤一：

假设灯神突然造访你家，问你希望得到什么，并让你用纸把想要的东西写下来。（想象所有你心中的理想和希望达成的内容，允许自己的创意自由地发挥。如果脑海中出现了"不可能""太过分""不实际"之类的念头，请马上赶走它们，并对这些念头说："一会儿有你们出场的机会，现在请不要来骚扰我。"）

....
....
....

步骤二：

灯神觉得理想也要分轻重缓急，要求你只写下你自己最想实现的十个理想。

步骤三：

灯神认为要有更系统的方式来整理这些理想，他请你在下面的表格中把十个理想按重要程度排列先后次序，并写下你这样排序的原因。

次序	理想	原因
1		
2		
3		
4		
5		
6		
7		
8		
9		
10		

步骤四：

灯神看完你的十个理想后，沉默不语。他正在审视他自己的能力，看能否帮助你实现你的理想。然后，灯神问道："你能否帮我想一想，如何才能把这十个理想实现？"

（在这个练习中，强调的是你"怎样做到"，而不应有"做不到""不应该做"这些念头。）

次序	实现理想	原因
1		
2		
3		
4		
5		
6		
7		
8		
9		
10		

步骤五：

　　灯神嘉许了你的用心，然而他认真思考后，觉得他只能协助你实现一个理想。请你根据附录相关内容的指引，填写一个你认为既可行又最有创意的目标。更重要的是，你的这个目标要能够在三个月内实现。(设定目标前，请先阅读附录的目标设定指引。所谓"目标设定"，在这里指的是根据你的人生愿景，在某一阶段内所要做到的事或取得的结果，包括具体每一步行动的过程。关于目标设定的 SMART 系统的详细介绍，请参阅本效率手册附录部分的相关内容。)

....
....
....
....

我的理想

在这十个理想中,我最想要实现且比较可行的理想是:

....
....
....
....
....
....

这个理想对我的价值是:

....
....
....
....
....
....

现在,一个属于你的理想已经诞生了。你有信心实现它吗?不用着急,下面的练习将会一步一步带你迈向成功。这个理想就像你的伴侣一样,无论晴空万里还是风吹雨打,都将与你同行,不离不弃!

灯神很欣赏你,他决定帮你在三个月之内实现你的一个理想。他开始施展法术:第一步,将你的理想变为目标宣言;第二步,使你的信念变得更加清晰;第三步,让你拥有无限的决心和信心,排除阻碍,最终准时达到目标。

请你将刚才写下的理想变为目标宣言,并充满信心地在三个月之内完成(内容可以是鼓励下属提升营业额,也可以是拓展你的业务范围,等等)。

你的目标宣言是:

....
....
....
....
....
....

现在，请根据你的理想做一个详细的行动计划，并填写下面的表格。

	企业/事业方面的宣言		情感/健康/财务/人才培养等其他方面的宣言	
	目标/成果	具体行动计划	目标/成果	具体行动计划
第一个月				
第二个月				
第三个月				

有人会说:"我已经有了自己的企业王国,我只想更上一层楼,希望赚取更多的利润。"有人会说:"我很少尝到成功的滋味,因为我很怕输。"还有人会说:"我很早便知道我的理想,但不知道怎样实现它。"

不论你是哪种心态,都需要先向自己求证:我是否想取得胜利?是否想实现理想?是否要用自己的生命感召身边的人?如果你的答案是"是",那么就请你开始以下的训练。

第一模块的小结:

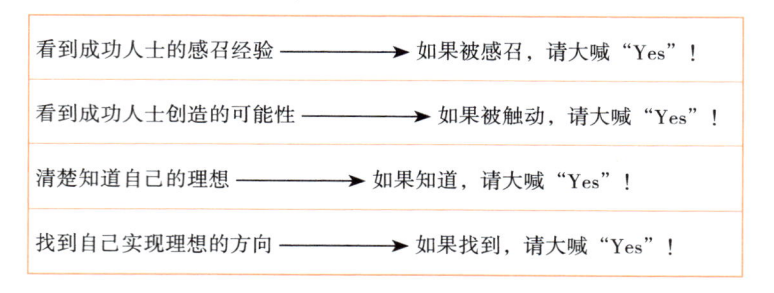

看到成功人士的感召经验 ——→ 如果被感召,请大喊"Yes"!
看到成功人士创造的可能性 ——→ 如果被触动,请大喊"Yes"!
清楚知道自己的理想 ——→ 如果知道,请大喊"Yes"!
找到自己实现理想的方向 ——→ 如果找到,请大喊"Yes"!

第二模块的前瞻:

拥有勇气迎接可能的挑战 ——→ Yes or No

拥有成功实现理想的决心 ——→ Yes or No

教练文化

每家企业都像一个巨大的车轮,企业里每个人的士气和力量是推动车轮前进的主要因素之一。使员工上下一心,共同朝企业的目标方向前进,并让业务更上一层楼,是所有企业领导的理想。人本教练模式的秘诀是告诉每家企业如何创造教练文化,如何使企业中的每个人都融入教练文化中,做到真正的内外资源合一,从而使企业扩大发展。创造教练文化的第一步,是让你身边的同事、朋友、家人都成为教练,和你一起融入教练文化中,与你携手迈向理想。

创造教练文化,由你开始!

请在下面的横线上填写你的感召对象,让他们成为教练,和你一起融入教练文化中。

....

....

....

....

....

你如何才能感召他们呢？

最重要的秘诀是"邀请"。用你自己的魅力，用你对理想的决心，用你对未来的承诺，来邀请他人一起参与教练文化。

你认为在未来三个月的练习中，可以感召多少人认识教练文化呢？

_____人

这就是你的宣言，你必须尽力对你的承诺负责任，说到做到。现在，请你在下面的表格中填写你的感召名单。等完成本效率手册的所有练习后再来此页检视你的成果。

姓名	姓名

第二部分

具体操作

发掘理想　01

"可能性"是可能的

毫无疑问,在许多人心中经常会出现"不可能"的念头,结果"不可能"就成为他们放弃理想的借口。面对不确定的前景或未涉足的事情,大部分人的反应是"我不懂,也做不到""我不愿意做"。所以,在心态上他们给自己的定位是"做不到"。因为心态影响行动,体现在行动上便是不去实践,结果事情就肯定做不到了。

正如黄荣华女士所说:"可能性首先产生于信念和心理,只有突破信念的屏障,超越心理上的框架,改变宿命的因果推理,新的可能才会出现。至于你的生命会出现什么状态,那要看你自己如何选择。"

在实现理想之前,你需要拥有持之以恒、坚定不移的决心。怎样才能拥有这种决心呢？首先是相信"可能性"，相信自己有能力实现理想，并感召身边的人。如何才能让自己相信"可能性"呢？这就要看你的成功的经验了。下面，请你认真地遵照指示完成为期两周的"可能性"练习。

"可能性"练习之体验成功

"可能性"练习是一个为期两周的心态训练营,让你通过创造可能性,来品尝成功的滋味。

请写下三件你想超越的事:

(1)_____

_____

_____

(2)_____

_____

_____

(3)_____

_____

_____

上面这三件事中,你只需选择完成一件便可,并在未来两周的时间里达成这一目标。

第一天

你计划完成的事情是:

....
....
....
....
....

你的目标是:

....
....
....
....
....

你今天的短期目标是:

....
....
....
....
....

你今天开始行动的时间是：

你今天结束行动的时间是：

请简略地描述行动的过程及你的感受：

请描述你今天的成果：

今天的成果与你的任务目标距离还有多远？

你明天的策略／应改善之处是：

第二天

你计划完成的事情是：

....
....
....
....
....

你的目标是：

....
....
....
....
....

你今天的短期目标是：

....
....
....
....
....

你今天开始行动的时间是:

你今天结束行动的时间是:

请简略地描述行动的过程及你的感受:

请描述你今天的成果：

....
....
....
....
....

今天的成果与你的任务目标距离还有多远？

....
....
....
....
....

你明天的策略／应改善之处是：

....
....
....
....
....

第三天

你计划完成的事情是：

....
....
....
....
....

你的目标是：

....
....
....
....
....

你今天的短期目标是：

....
....
....
....
....

你今天开始行动的时间是：

你今天结束行动的时间是：

请简略地描述行动的过程及你的感受：

请描述你今天的成果：

今天的成果与你的任务目标距离还有多远？

你明天的策略／应改善之处是：

第四天

你计划完成的事情是：

....
....
....
....
....

你的目标是：

....
....
....
....
....

你今天的短期目标是：

....
....
....
....
....

你今天开始行动的时间是:

你今天结束行动的时间是:

请简略地描述行动的过程及你的感受:

请描述你今天的成果：

....
....
....
....
....

今天的成果与你的任务目标距离还有多远？

....
....
....
....
....

你明天的策略／应改善之处是：

....
....
....
....
....

第五天

你计划完成的事情是：

....
....
....
....
....

你的目标是：

....
....
....
....
....

你今天的短期目标是：

....
....
....
....
....

你今天开始行动的时间是:

....
....
....
....
....

你今天结束行动的时间是:

....
....
....
....
....

请简略地描述行动的过程及你的感受:

....
....
....
....
....

请描述你今天的成果：

今天的成果与你的任务目标距离还有多远？

你明天的策略／应改善之处是：

第六天

你计划完成的事情是：

....
....
....
....
....

你的目标是：

....
....
....
....
....

你今天的短期目标是：

....
....
....
....
....

你今天开始行动的时间是:

你今天结束行动的时间是:

请简略地描述行动的过程及你的感受:

请描述你今天的成果：

今天的成果与你的任务目标距离还有多远？

你明天的策略／应改善之处是：

第七天

你计划完成的事情是:

你的目标是:

你今天的短期目标是:

你今天开始行动的时间是:

....
....
....
....
....

你今天结束行动的时间是:

....
....
....
....
....

请简略地描述行动的过程及你的感受:

....
....
....
....
....

请描述你今天的成果:

....
....
....
....
....

今天的成果与你的任务目标距离还有多远?

....
....
....
....
....

你明天的策略／应改善之处是:

....
....
....
....
....

教练感召汇报

在这七天的创造教练文化过程中,你有什么发现?你感觉如何?

请用人本教练模式的感召"三端"来进行检视,并详细说明。

理想:

印证：

启发：

对于在你的企业和生活中创造教练文化这件事，你下一步的计划是：

第八天

你计划完成的事情是：

....
....
....
....
....

你的目标是：

....
....
....
....
....

你今天的短期目标是：

....
....
....
....
....

你今天开始行动的时间是：

....
....
....
....
....

你今天结束行动的时间是：

....
....
....
....
....

请简略地描述行动的过程及你的感受：

....
....
....
....
....

请描述你今天的成果：

....
....
....
....
....

今天的成果与你的任务目标距离还有多远？

....
....
....
....
....

你明天的策略／应改善之处是：

....
....
....
....
....

第九天

你计划完成的事情是：

你的目标是：

你今天的短期目标是：

你今天开始行动的时间是：

....
....
....
....
....

你今天结束行动的时间是：

....
....
....
....
....

请简略地描述行动的过程及你的感受：

....
....
....
....
....

请描述你今天的成果：

今天的成果与你的任务目标距离还有多远？

你明天的策略／应改善之处是：

第十天

你计划完成的事情是:

....
....
....
....
....

你的目标是:

....
....
....
....
....

你今天的短期目标是:

....
....
....
....
....

你今天开始行动的时间是：

你今天结束行动的时间是：

请简略地描述行动的过程及你的感受：

请描述你今天的成果：

....
....
....
....
....

今天的成果与你的任务目标距离还有多远？

....
....
....
....
....

你明天的策略／应改善之处是：

....
....
....
....
....

第十一天

你计划完成的事情是：

....
....
....
....
....

你的目标是：

....
....
....
....
....

你今天的短期目标是：

....
....
....
....
....

你今天开始行动的时间是:

你今天结束行动的时间是:

请简略地描述行动的过程及你的感受:

请描述你今天的成果:

....
....
....
....
....

今天的成果与你的任务目标距离还有多远?

....
....
....
....
....

你明天的策略／应改善之处是:

....
....
....
....
....

第十二天

你计划完成的事情是:

....
....
....
....
....

你的目标是:

....
....
....
....
....

你今天的短期目标是:

....
....
....
....
....

你今天开始行动的时间是：

::

::

::

::

::

你今天结束行动的时间是：

::

::

::

::

::

请简略地描述行动的过程及你的感受：

::

::

::

::

::

请描述你今天的成果：

今天的成果与你的任务目标距离还有多远？

你明天的策略／应改善之处是：

第十三天

你计划完成的事情是：

你的目标是：

你今天的短期目标是：

你今天开始行动的时间是：

....
....
....
....
....

你今天结束行动的时间是：

....
....
....
....
....

请简略地描述行动的过程及你的感受：

....
....
....
....
....

请描述你今天的成果：

....
....
....
....
....

今天的成果与你的任务目标距离还有多远？

....
....
....
....
....

你明天的策略／应改善之处是：

....
....
....
....
....

第十四天

你计划完成的事情是:

你的目标是:

你今天的短期目标是:

你今天开始行动的时间是：

你今天结束行动的时间是：

请简略地描述行动的过程及你的感受：

请描述你今天的成果:

今天是练习的最后一天了,你能够顺利达到目标吗?

在这个"可能性"练习过程中,你有什么感受?

教练感召汇报

在这七天的创造教练文化过程中,你有什么发现?你感觉如何?

请用人本教练模式的感召"三端"来进行检视,并详细说明。

理想:

印证：

启发:

对于在你的企业和生活中创造教练文化这件事,你下一步的计划是:

你的目标完成了吗？如果已经完成，那么我们在此衷心地祝贺你，因为你已经品尝到成功的滋味，感受到"可能性"的力量。如果你在设定理想时缺乏信心，那么现在就请你先感受自己的成就吧。

你感受到了吗？你的"可能性"练习已经成功地改变了你，现在你已经有了成功的经验，建立了自信。你既成功地找到了自己的理想，也发现了自己拥有改变的"可能性"。

假如你还未达成目标，就请你重新开始，再次努力，达成目标！

第二模块的小结：

你已学会设定目标 ⟶	如果学会，请大喊"Yes"！
你已知道怎样审视策略 ⟶	如果知道，请大喊"Yes"！
清楚知道你害怕做的事 ⟶	如果知道，请大喊"Yes"！
成功克服你害怕做的事 ⟶	如果克服，请大喊"Yes"！
你已体验到成功的感觉 ⟶	如果体验到，请大喊"Yes"！

第三模块的前瞻：

以坚定的心态来坚持理想 ⟶ Yes or No

积极应对批评及负面情绪 ⟶ Yes or No

发挥印证 02

印证是感召过程中最为重要的一个环节,即"言行一致"。有了它,才能让理想成真;有了它,才能打动别人,感召他人追寻理想。发挥印证的力量需要持久的心态。例如,我们都希望戒掉坏习惯,也有很多人制定了工作时间表来实践理想。然而,每当遇到挫折或是面对别人的批评时,我们便会产生负面情绪。这些负面情绪使我们"一心变好"的心态变得软弱,接着我们便会拒绝转变,继而故态复萌。

理想→挫折/批评→负面情绪→放弃

你害怕挫折或别人的批评吗?害怕被负面情绪打击吗?如果害怕的话,你便不能发挥自己印证的能力。所以在练习印证前,你必须学会巩固心态、坚持理想,这样才可能感召身边的人。

很多时候,我们会因为挫折或别人的批评等负面情绪的影响，放弃自己的观点，甚至质疑自己。你想要坚持己见，不妨先进行下面有关"心态锻炼"的练习。

心态锻炼三步曲

心态锻炼第一步：如何应对他人的批评

你不必为了做一个优秀的人而扮演某种角色，只要做真正的自己就够了。以此为基础，向自己传达肯定的信息，就能够成功地应对他人的批评，肯定自己的能力。

"每个人都是艺术家，每个人都能在人生的画卷上施展自己的才华。"马克斯韦尔·莫尔兹（Maxwell Maltz）在《人生的支柱》（上海人民出版社，1988年版）一书中如此说道。

以往的经历

当我们批评他人时，大多数人会采取防御措施保护自己。对自己在孩童时受到的别人的批评，我们通常会记忆犹新，这些批评往往给我们造成了极大的伤害。想要区分哪些是恶意的批评，哪些是善意的批评，我们必须具备自我评估能力，即对自己的思想、行为与情绪有一定的认知。

我们必须拥有一套自我评估标准，否则我们将极易接受他人的批评，而不能对它们有效地加以区分。

例如，面对"你没希望了""你真笨""你老是慢吞吞的""你办不到"等批评，你如果全部信以为真，就会很容易变得毫无冲劲。如此一来，你会极不愿意承认自己的错误，每当受到批评时，便会马上为自己辩护。当我们习惯为自己贴上某种标签后，要区分哪些是事实就会非常困难了。

下面是一个为期五天的"心态训练营"，可以帮助你更好地应对他人的批评。

第一天
描述你最近一次不顺利的经历：

....
....
....
....
....
....
....
....
....

当时你对自己说了些什么？

请你现在更加专注地回忆当时的情况，你是否真的如此糟糕？

你自己去发现事情的真相,实际上发生的事情是怎样的?

....
....
....
....
....
....
....

大多数人在成长的过程中,都摆脱不了孩童经验的情感残留。孩童时期建立的卑微自尊可能导致你后来经常产生诸事不顺的感觉。要想做回真正的自己,你必须给自己传达一些具有肯定意义的话。

下面是一些具有肯定意义的例句:

我自己确实很好。

我尽力了,下次会做得更好。

我只是一个人,我会继续努力。

第二天

留意你自己今天接收的负面信息,并把它们写下来。

....
....
....
....
....

把传达给你自己的一些"应该""理应"的事写下来。

....
....
....
....
....

如果你感到沮丧或自尊心受损,那么不妨问问自己,是不是那些潜伏在你内心的批评在作祟。

....
....
....
....

第三天

今天，请你用两三分钟的时间进行一次自我评估，并把你的评估结果认真填写在下面的横线上，包括正面、负面两个维度。

身体外表（包括头发、眼睛及衣着打扮）：

....
....
....
....
....
....

关系：

（1）你和另一半（男／女朋友）的关系（可选择性回答）：

....
....
....
....
....
....

（2）你与一般朋友的关系：

日常事项：
（1）健康：

（2）饮食：

（3）对孩子的关心：

．．

．．

．．

．．

．．

工作态度：

（1）工作的成就：

．．

．．

．．

．．

．．

（2）与同事的关系：

．．

．．

．．

．．

．．

（3）对自己工作的观感：

其他任何你希望涵盖的事项：

第四天

第一次别人毫无根据地批评你是什么样的情况？

你当时有什么想法／感受？

你认为这些批评是正确的吗？请列出哪些是正确的，哪些是不正确的。

（1）正确的：

....
....
....
....
....

（2）不正确的：

....
....
....
....
....

当有些人以一些毫无根据的事情来批评你时，你会自动地认为对方所说的也许有几分道理吗？如果你能够多用心思，认清自己以往的经历，区分清楚哪些为"是"、哪些为"非"，这将会对你大有帮助。

第五天

你是否曾经对别人做过毫无根据的批评（或是在心中批评）？

请你给出一些实例。

你觉得这些批评是事实吗？

....
....
....
....

请你检视自己批评别人的动机，你是想让别人难堪，还是想给他们一些直言不讳的指正意见，以使双方都得到好处？

经过五天"如何应对他人的批评"的练习后，相信你已经有了第一招来更好地应对他人的批评。

教练感召汇报

在这五天的创造教练文化过程中，你有什么发现？你感觉如何？

....

....

....

....

....

....

....

....

....

....

....

....

....

请用人本教练模式的感召"三端"来进行检视，并详细说明。

理想：

印证：

启发：

对于在你的企业和生活中创造教练文化这件事，你下一步的计划是：

心态锻炼第二步：如何持久地改变

要想发生持久的改变，你就必须进行下面的练习。

步骤一：提高自我要求，认清自己的处境

- 要对自己所做的事有所要求。
- 不要轻易满足。
- 掌握身处的环境。
- 我一定要改变……
- 我有能力改变……

步骤二：打破固有模式

- 转变自己的表达方式。
- 用不同的方式表达身体语言。
- 现在的、固有的坏习惯或生活方式都必须进行改变。在改变中出现问题时，要把焦点放在解决问题上。
- 别浪费时间把焦点放在自己害怕的地方。

步骤三：巩固新的行为习惯

- 当一些行为被持续正面增强时，便会变成习惯。
- 当中如果有一点点的进步，请给予自己一个小小的心灵奖励。

步骤一：提高自我要求，认清自己的处境

你打算如何提高自我要求？为何你会有此转变？

为什么你认为自己能够改变？

步骤二：打破固有模式

请你列出至少五个你认为可以打破固有模式的方法：

....

....

....

....

....

....

....

步骤三：巩固新的行为习惯

请列出你喜爱做的事情或者你所喜爱的东西（例如一首歌、一杯酒、一件小小的礼物等）。

....

....

....

....

....

....

....

当你认为自己的新行为被持续巩固时，请把上面所列事物的其中一种奖励给你自己。

成功人士有一个共同的特点，那就是当他们处于情绪的"风暴"中时，能保持住自己必定成功的心态。所谓："失败是让人奋发的跳板，唯有认识到失败而又努力的人，才是前途光明的人。"希望你能体会这个"心态锻炼"的宗旨，如果你坚持到底，就会为你的人生带来无限的好处！

心态锻炼第三步：如何驾驭负面情绪

情绪在我们的生活中占有一个很重要的位置，没有情绪就不能算是生命。我们所做的事情成功与否，并不只取决于我们的才能、智慧或技巧，还取决于我们的情绪。在日常生活中，我们很容易被环境影响，比如天气，今日还是晴天，明日可能就是狂风暴雨了。大部分人应对负面情绪时都选择了逃避、忍耐，很少有人会转移情绪或与之抗争。

下面四个简单的步骤，可以帮助你驾驭负面情绪。

步骤一：认知负面情绪

总结一下有哪些负面情绪给了你需要改变自己的暗示。例如：愤怒、悲哀、矛盾、沮丧、无奈、激动、烦躁、失望、厌倦、冷漠、逃避等等。

步骤二：澄清负面情绪

你认为这些情绪暗示的是什么？你有哪些行为和沟通模式需要转变？

步骤三：从正面的角度看负面情绪

对于这些负面情绪，你还可以从哪些角度去感受？你从这些负面情绪中学会了什么？

………………………………………………………………………………
………………………………………………………………………………
………………………………………………………………………………
………………………………………………………………………………
………………………………………………………………………………
………………………………………………………………………………

步骤四：巩固这种反思习惯

你需要巩固这种反思习惯，使自己能够有意识地对负面情绪加以控制。

未来两天，请你记下你的负面情绪，并应用前面三个步骤来练习驾驭这些负面情绪。

第一天

认知负面情绪：

....
....
....
....
....
....
....

澄清负面情绪：

....
....
....
....
....
....
....

从正面的角度看负面情绪：

第二天

请写下所有可以让你感到舒服的方法，例如唱一首你喜爱的歌曲，或深呼吸一口清新的空气。（这么做的目的是找到可以让自己感到自在和平静的方法。）

心态决定感召的效果

当你的初心偏离了理想方向时，你的耐心、神色和语气便会暴露出你的内外不一致：你说的话显得虚假，你关爱的神情显得做作。内外不一致会使你陷入下面某种局面中：第一，你不能从内心发挥出力量来实现理想；第二，被感召者发现你的言与行不一致，即使曾被感召，也会因自己的真实体验而做出改变，中断对你的信任，停止被感召。

因此，印证是感召的一个重要环节，贯穿感召的各个阶段。印证的表现是言行一致，无论是感召别人激发理想，或是感召顾客购买企业的产品，你的行动与言语必须是一致的。如果你希望自己能够激发别人的理想，从而使别人自愿采取行动，那么你的言行就必须和你的理想一致，这样你才能打动别人的心。

感召营销认为，企业是否言行一致，是顾客评估企业可信度的主要依据，也是决定顾客是否继续信任企业的重要因素。企业的言行不一致，主要体现在产品质量与广告宣传的内容相差太远，保修承诺不能实现，售后服务了无踪影，等等。

除非心存欺骗，否则人人都希望能够印证自己的感召。我们生存于世，环境难免影响着我们的行为，教育、文化亦影响着我们对环境的看法和认知。所以，要做到印证自己的感召，我们一定要以坚定的态度达到言行一致。

你的印证练习（第一天）

请你回想一次成功感召别人的经历。

在这段经历中，令你印象最深刻的是哪个片段？

你认为对方被你打动,是基于你的哪些表现?

....
....
....
....
....

回想一下,你当时内心的想法是什么?

....
....
....
....

此刻的回想给你带来了什么启示?

....
....
....
....

> 一个成功的印证

你的印证练习（第二天）

请你回想一次成功感召别人的经历。

在这段经历中，令你印象最深刻的是哪个片段？

你认为对方被你打动,是基于你的哪些表现?

....
....
....
....
....

回想一下,你当时内心的想法是什么?

....
....
....
....

此刻的回想给你带来了什么启示?

....
....
....
....

一个成功的印证

你的印证练习(第三天)

请你回想一次成功感召别人的经历。

在这段经历中,令你印象最深刻的是哪个片段?

你认为对方被你打动,是基于你的哪些表现?

回想一下,你当时内心的想法是什么?

此刻的回想给你带来了什么启示?

一个成功的印证

你的印证练习(第四天)

请你回想一次成功感召别人的经历。

在这段经历中,令你印象最深刻的是哪个片段?

你认为对方被你打动,是基于你的哪些表现?

....
....
....
....
....

回想一下,你当时内心的想法是什么?

....
....
....
....
....

此刻的回想给你带来了什么启示?

....
....
....
....
....

一个成功的印证

你的印证练习（第五天）

请你回想一次成功感召别人的经历。

在这段经历中，令你印象最深刻的是哪个片段？

你认为对方被你打动,是基于你的哪些表现?

回想一下,你当时内心的想法是什么?

此刻的回想给你带来了什么启示?

一个成功的印证

你的印证练习（第六天）

请你回想一次成功感召别人的经历。

在这段经历中，令你印象最深刻的是哪个片段?

你认为对方被你打动,是基于你的哪些表现?

....
....
....
....
....

回想一下,你当时内心的想法是什么?

....
....
....
....

此刻的回想给你带来了什么启示?

....
....
....
....

一个成功的印证

你的印证练习（第七天）

请你回想一次成功感召别人的经历。

在这段经历中，令你印象最深刻的是哪个片段？

你认为对方被你打动,是基于你的哪些表现?

....
....
....
....
....

回想一下,你当时内心的想法是什么?

....
....
....
....

此刻的回想给你带来了什么启示?

....
....
....
....

一个成功的印证

教练感召汇报

在这七天的创造教练文化过程中,你有什么发现?你感觉如何?

请用人本教练模式的感召"三端"来进行检视,并详细说明。

理想:

印证：

启发：

对于在你的企业和生活中创造教练文化这件事,你下一步的计划是:

第三模块的小结：

你已学会应对他人的批评 ──────▶ 如果学会，请大喊"Yes"！

你已学会如何持久地改变
并巩固新的行为习惯 ──────▶ 如果学会，请大喊"Yes"！

你已学会如何驾驭负面情绪 ──────▶ 如果学会，请大喊"Yes"！

你已学会如何做到言行一致 ──────▶ 如果学会，请大喊"Yes"！

第四模块的前瞻：

学会感召的技巧 ──────▶ Yes or No

激发别人的理想 ──────▶ Yes or No

邀请别人一同追逐理想 ──────▶ Yes or No

启发展现 03

感召是一种心态和内在的能力,感召外在的表现则是通过启发得以展现的。你可以通过启发帮助别人找到并激发理想,邀请对方采取行动。

要想感召更多客户,最重要的是从心出发,把焦点放在"你"身上,"从心出发"是为了"你"的需求和价值,充分考虑到"你"的实际情况。感召是帮助对方发现他已经拥有却潜藏在深处的资源,激发他的理想,这个理想一定是属于他的,而不是别人强加给他的。感召不是推销,也不是靠说服实现的。

经过这两个月的锻炼,你现在终于要开始学习感召的技巧了。在本效率手册前面提及的成功人士和他们的事迹告诉我们,并非只有梦想成真了才能感召他人,他们在创业期间、企业发展初期都能感召员工一起为企业的业绩共同奋斗。无论你是感召员工还是感召顾客，除了用心印证你的感召之外，你还需要一些技巧，从而令感召更有效。

修炼一：口碑传播

感召是口碑传播的内在"引爆器"，也是口碑营销的成功秘诀。口碑往往对企业的发展有重大影响，却又在企业的管理之外，因为这是顾客的一种自发行为。

口碑传播最大的特点和优势是依靠口碑获得顾客，在社会上形成杠杆效应，而且是通过处于影响力中心的企业老板或高层把讯息传开，使得客户网络迅速扩大。

研究者认为口头交流是最直接的方法，有很强的针对性和现场感。口碑传播得以流行的重要原因在于，人们在意和谈论他们的感受，分享内心想法。那些在他们心中不留下任何痕迹的经历和产品，是不会出现在他们的口头交流中的。因此，产品或讯息是外在的刺激物，顾客从中获得体验，从而产生了"有话要说"的欲望。

下面是利用口碑传播的途径检视表：

利用专业人员 • 顾问团 • 营销人员 • 供货商 • 专家圆桌会议 • 专家销售团	利用影音产品 • 录像带 • 录音带 • 微电影
利用讲座和工作坊 • 产品演讲 • 专题讲座 • 集体销售 • 晚宴聚餐 • 组织伙伴销售团	利用科技媒体 • 服务专线 • 传真机 • 电子邮件 • 网络媒体
利用传统媒体 • 利用公关 • 在公共场所做展销及推销 • 赠予礼物给顾客 • 销售员推广计划（借由销售员作为口碑传播的发动者） • 口碑传播奖励计划（"告知"朋友计划）	

利用口碑传播成功的知名企业案例：

Apple Computer（苹果电脑）的兴起主要是依靠老顾客，又如 Noxzema（香水）和 Hershey（好时）等，也都以口碑传播作为主要推广途径，其中又以行业内的专业推介或朋友间的传播为主。

修炼二：沟通技巧

感召的技巧之一是，你要尽可能地使自己站在对方的角度，弄清楚对方最看重什么信息。你的重点不是找出理由来证明对方的观点不正确，而是找出对方会有那样的观点的原因，从而知道他内心真实的想法。

想准确知道对方的想法，你必须有良好的沟通技巧。

《感召营销：口碑传播的内在诀窍》一书指出，想打动对方的心，就必须经过"关心、用心、动心"这三个过程。

技巧1：专注（Attention） ⟹ 关心

⇩ ⇩

技巧2：积极聆听（Active Listening） ⟹ 用心

⇩ ⇩

技巧3：同理心（Empathy） ⟹ 动心

技巧1：专注（Attention）

首先，你一定要真正关心对方。专注于别人是一种快速令别人感到被关心的技巧。

专注主要包括以下内容：

留心别人的面部表情；

留心别人的姿势；

留心别人的心情；

留心别人的手势；

留心别人的语调；

确保清楚聆听别人所说的话。

在下面一周的时间里，请你留意在不同场合中与人对话时自己的行为反应。以下练习的目的是加强你对专注行为反应的认识，同时让你察觉到别人如何看待你在对话时的行为反应。

你与别人对话时（尤其是在社交场合中）的姿势是怎样的？

....
....
....
....

请试想一下，如果你是对方，看见你这样的反应，会有什么感觉？会感觉到被关心吗？

有什么地方或姿势是你认为做得好的？

有什么地方或姿势是你认为需要改善的？

下面是一个专注的例子：

我发觉我只会对我喜欢的人表达关注。当我聆听一些普通朋友说话时，我的眼睛会漫无目的地转，手也不停地动。在紧张的情况下或面对我的上司时，我会很投入，我会留意他们的对话、面部表情和语调变化。

技巧2：积极聆听（Active Listening）

学会了用专注让被感召者觉得被关心后，你还要把握被感召者的真实想法，因此你要学会积极聆听。

积极聆听是一种尝试了解对方感受的技巧，聆听的是别人说话背后的真实含义及动机。

当你能熟练使用积极聆听的技巧，你就会很容易地知道被感召者的真实想法，包括：

真实经验；

真实行为动机；

事件中的核心信息。

下面是一个积极聆听的例子：

一个三十岁的男人对他的朋友说：

"我不明白为什么每次与我的母亲谈话时，我就会感到厌烦。我是自己一个人住的，每次我去探望她之前，我都很挂念她。但每次与她谈话时，她的唠叨都会让我感到烦躁和愤怒（他的视线不是面向朋友，而是面向地面）。最终，我一定会与她闹翻，我会骂她（他在摇头）。然后，我会用力地关上大门，拂袖离去。"

这段对话中这个男人的真实情感是怎样的呢？

他的核心经历：母亲的唠叨。

他的核心行为：失去耐性，骂自己的母亲，用力关门。

他的核心感觉：感到尴尬、内疚、羞耻、发狂、后悔，对自己感到失望。

所以，这个男人希望向朋友表达他与母亲的不和，表面上主要的情感是愤怒，而在对话过程中，还伴随着其他的感觉，如感到羞耻、内疚，以及对自己感到失望。这些感觉是可以由积极聆听推导出来的，因此感召者可以利用积极聆听，准确知道被感召者的真实想法。

练习一

下面是一个二十七岁的男人与教练谈他的工作情况时说的话。

"这已经是我的第四份工作了。我并不想经常换工作，因为这会给人不成熟和没有目标的印象。但这份工作的老板经常要求我做一些不道德的事情，至少，我觉得这些事情是不对的。如果我不服从老板的命令，我会被辞退，在这种经济不景气的时候，找一份差事是很困难的。但如果我遵照老板的话去做，我会轻视自己，因为妥协让我觉得自己是一个懦弱的人（他不断地摇头）。"

他的核心经历是：

他的核心行为是：

他的核心感觉是：

练习二

下面是一个年轻的男子向他的朋友诉说的话。

"我现在处于癌症晚期。为什么会是我呢?为什么?我还很年轻,正计划着出国读书,但现在……(他沉默了一会儿)我感到内心很空虚。"他还不断地说,"我没有吸烟,没有不良习惯(他开始哭)。为什么我会得这种病?下个月我会在哪儿?"

他的核心经历是:

他的核心行为是：

他的核心感觉是：

技巧 3：同理心（Empathy）

在经历了关心和用心的过程后，最后一个过程是动心。

想让被感召者动心，你一定要让他知道，你明白他的真正需要，你和他是在一起的，有共同的想法。同理心是令人动心的催化剂，同理心使被感召者知道感召者是明白他的、关怀他的，而且是知道他的真实感受、背后动机和经历的。

留意核心信息并做出回应：

留意被感召者的话；

找出被感召者的核心经历、行为和感觉；

将以上资料提炼为一段核心信息；

得出充满同理心的回应（请试想你正与被感召者对话）。

下面是一个以同理心回应的例子：

被感召者告诉你："我与我的丈夫昨晚产生了激烈的争吵，现在没有精神谈我的企业计划。数月前，他开始打我，对我很无礼，完全不尊重我。我希望可以离开他，自己独立生活。但我很爱他，当他打我时，我感到惊慌和无助。可能他打我的原因是想与我终止关系，但他为什么不直接和我说他不爱我了呢？"

这段对话中被感召者的真实情感是怎样的呢？

她的核心经历：被丈夫虐待。

她的核心行为：希望独立，自给自足，猜测丈夫虐待行为背后的原因。

她的核心感觉：愤怒、迷惘、无助、心烦意乱。

核心信息：她被丈夫虐待，希望能离婚，得到独立的机会。但是她仍然深爱他，又觉得自己很无力、懦弱。她很想知道为什么她的丈夫会打她，是希望结束这段情感关系吗？

同理心回应：你感到愤怒和迷惘，是因为你受到的侮辱来自你最亲、最信任的人。现在你很想知道他对你施以暴力，是否和想与你结束情感关系有关。

练习一

有一天，你的业务合伙人情绪低落地对你说："我的太太经常用自己的病来威胁我，要求我停止所有的业务来陪伴她。我爱她，但我也有自己的理想，我希望她能坚强些，可以独立地生活。我很愿意让她依靠我，有时候，她使我对她的病感到内疚。"

他的核心经历是：

他的核心行为是：

他的核心感觉是：

核心信息是:

你的同理心回应是:

练习二

你的客户闷闷不乐,他对你说:"我现在做两份工作来支持我的家庭。有时候,我觉得很幸运,因为我可以多赚些钱,但同时我也觉得我没有私人空间了。最令我感到伤心的是,我的家人完全不关心我,他们好像不在意我的存在与否。他们已经习惯了我不在家。我的生命中就好像只有工作,没有其他内容。"

他的核心经历是:

....
....
....
....
....

他的核心行为是:

....
....
....
....
....

他的核心感觉是：

核心信息是：

你的同理心回应是：

要让感召力得到发挥，除了要身体力行外，还要激发他人的激情和心中的理想。当他们的理想被激发后，他们需要印证，他们的心态需要调适，直至与理想的步伐一致。有了印证之后，就要持之以恒，用行动来实践。

感召力得以发挥的关键是，我们要把焦点放在被感召者身上，激发他的理想，同时专注于目标，一往无前。感召力的焦点并不是自己，而是对方。你在心态上要相信对方是出色的，相信对方是可以进步的，相信对方是有可能发生改变的。

如何才能成功感召？重要的秘诀是"邀请"，用你自己的魅力，用你对理想的决心，用你对未来的承诺，来邀请他人一起参与"追梦"游戏。

"万丈高楼平地起"，感召力的发挥也同样需要一个积累的过程。感召能力需要锻炼，需要用你自己的梦想来激励他人。

你的启发练习

因此，在这一个月内，你每周都需要为自己设定要完成的感召项目。你可以一周设定一个项目，也可以一周设定两个项目，或者由你自己决定设定多少个项目。其目的是将你的感召能力发挥出来，从而检视你对感召力的掌握情况。项目的内容可以是鼓励员工提升营业额，鼓励他人学会一项小技能，等等。

第一周（第一个项目）　　日期：_____

项目名称	
目标	
对象	
测量成果的方式	
具体的"邀请"策略	

一周后再回来填写下面的表格内容：

回想"邀请"的过程	
我的感受	
收获或应改善的地方	

第一周（第二个项目）　　日期：_____

项目名称	
目标	
对象	
测量成果的方式	
具体的"邀请"策略	

一周后再回来填写下面的表格内容：

回想"邀请"的过程	
我的感受	
收获或应改善的地方	

第二周（第一个项目）　　日期：_____

项目名称	
目标	
对象	
测量成果的方式	
具体的"邀请"策略	

一周后再回来填写下面的表格内容：

回想"邀请"的过程	
我的感受	
收获或应改善的地方	

第二周（第二个项目）　　日期：_____

项目名称	
目标	
对象	
测量成果的方式	
具体的"邀请"策略	

一周后再回来填写下面的表格内容：

回想"邀请"的过程	
我的感受	
收获或应改善的地方	

第三周（第一个项目）　　日期：_____

项目名称	
目标	
对象	
测量成果的方式	
具体的"邀请"策略	

一周后再回来填写下面的表格内容：

回想"邀请"的过程	
我的感受	
收获或应改善的地方	

第三周（第二个项目）　　日期：_____

项目名称	
目标	
对象	
测量成果的方式	
具体的"邀请"策略	

一周后再回来填写下面的表格内容：

回想"邀请"的过程	
我的感受	
收获或应改善的地方	

第四周（第一个项目）　　日期：_____

项目名称	
目标	
对象	
测量成果的方式	
具体的"邀请"策略	

一周后再回来填写下面的表格内容：

回想"邀请"的过程	
我的感受	
收获或应改善的地方	

第四周（第二个项目）　　日期：_____

项目名称	
目标	
对象	
测量成果的方式	
具体的"邀请"策略	

一周后再回来填写下面的表格内容：

回想"邀请"的过程	
我的感受	
收获或应改善的地方	

教练感召汇报

在这段时间的创造教练文化过程中,你有什么发现?你感觉如何?

....
....
....
....
....
....
....
....
....
....
....
....
....

请用人本教练模式的感召"三端"来进行检视，并详细说明。

理想：

印证：

启发：

对于在你的企业和生活中创造教练文化这件事，你下一步的计划是：

在三个月内，我成功感召_____人。

（>100% 完成宣言）A+ 级——你做得非常好，超额完成你的目标。善用你的感召能力，你将会在生活的不同层面获得更大的收获。

（90%—100% 完成宣言）A 级——你做得很好，说到做到。相信你已经可以完全发挥你的感召能力。

（70%—89% 完成宣言）B 级——恭喜你，你的感召能力发挥得不错，请继续努力。

（50%—69% 完成宣言）C 级——尚可，你仍未能掌握你的感召能力。

（<50% 完成宣言）D 级——尚未合格，请你加倍努力。

第四模块的小结：

你已学会口碑传播的概念和运作方法	➤ 如果学会，请大喊"Yes"！
你已学会沟通技巧，例如专注、积极聆听和同理心	➤ 如果学会，请大喊"Yes"！
你已学会将感召的技巧应用在生活中	➤ 如果学会，请大喊"Yes"！

恭喜你，你已初步认识了感召能力。请你不要松懈，因为人生就是一场"感召游戏"，我们经常被别人感召，也经常感召别人，同时我们每天都在感召自己。我们要感召我们身边的

人，并不断印证，持之以恒。

现在，请你登录人本教练研究中心网站www.rencoaching.com，完成第二次自我测量。

第三部分

总结补充

总结 01

在完成本练习后,你可能在工作和生活中取得了很多成就。然而当你用这种模式去支持他人,令他人也像你一样发挥九点领导力时,他人同样也会面临一个心理调适的过程。教练能在心理调适过程中发挥巨大作用,让你在支持别人时得心应手。

为支持你在教练过程中练习、应用感召能力,请仔细阅读以下教练策略。

1. 确定问题
- 协助对方找出问题的核心。

2. 利用理想、印证和启发找出行动与模式存在差异的地方
- 协助对方区分理想、印证和启发;
- 理想:虽然你认为现在的生活刻板、枯燥,但只要突破

信念的屏障，便会出现新的可能性；
- 印证：虽然你认为口是心非没有什么不妥当，但唯有言行一致，才能实现理想，进而感召他人追寻理想；
- 启发：虽然你已拥有潜藏于内心的资源，但你仍要先对自己有一个全面的了解，并且将这些资源运用得宜，才能实现理想。

3. 厘清目标和方向
- 协助对方厘清在目标和方向上存在的问题。

4. 列出差异所产生的后果
- 协助对方找出在该问题上的期望与行为的差异所产生的后果。

5. 找出不同的处理方式
- 协助对方列举不同的处理方式，发现更多的可能性。

6. 为自己做选择
- 让对方做选择。

请在日常生活中找一个案例，用教练策略来练习。

1. 确定问题：

2. 利用理想、印证和启发找出行动与模式存在差异的地方：

3. 厘清目标和方向：

4. 列出差异所产生的后果：

5. 找出不同的处理方式：

6. 为自己做选择：

02 感召合约

　　我承诺会始终如一地追寻自己的理想，我会言行一致地印证自己的理想，同时也用自己的理想感召他人。我会把焦点放在他人身上，帮助他发现他已拥有却潜藏在深处的资源，激发他的理想，而且这个理想是属于他自己的。我会持之以恒！

签名：_____

日期：_____

附录

下面是关于目标设定的 SMART 系统的详细介绍：

Specific，明确的；

Measurable，可测量的；

Attainable，可达到的；

Relevant，相关联的；

Trackable，可检视的。

Specific（明确的）

目标是清晰明确的。要直接、具体、清晰地说明什么时间做什么事，不仅让自己清晰明了，还要让别人一看就清晰明了。制订目标时不能用相对的时间或数量，如"15 天内"或"增加 30 万元"等，而要用具体的、绝对的时间或数量，如"到今年 12 月 31 日，公司营业额达到 100 万美元"。

Measurable（可测量的）

目标可以被自己或他人测量。当目标明确的时候，即用具体的、确切的日期或数量时，目标便可以被测量。例如，用了多少时间，达到多少数量，非常清晰。若目标用形容词或程度副词来设定，如"在最短的时间内做到最好"等，因每个人对"最短"和"最好"的理解不同，是否达成目标就会变得很难衡量。

Attainable（可达到的）

这里有两层意思。

第一层意思是，目标有可能在设定的时间内达成，具有实际操作的意义，而不是一厢情愿的愿望、振奋人心的口号。如果目标不切实际、并不可行，不仅流于形式，还会给自己带来压力，影响自信心。如"我要在某年某月某日前带领我的团队完成整个部门的总营业额的50%"等，在设定时要充分考虑是否有切实可行的步骤，是否真的可以做到。

第二层意思是，目标需要付出努力，而不是按照常规做法就能达成。例如，以一伸手就能摘到的果子作为目标没有意义，把需要用尽全身力气跳起来才能摘到的果子作为目标才有意义。假如平时的业绩已经达到每月100万元，目标还是设定为每月完成业绩100万元就显得没有意义，将目标设定为通过各种努力达到每月完成业绩200万元才有意义。

Relevant（相关联的）

这里也有两层意思：第一，目标与行动计划是相关联的，行动计划是围绕目标制订的，如目标是关于提升领导力的，而行动计划却是关于公司业绩的，这二者就没有直接的关联；第二，目标与整体方向必须是相关联的、一致的，如目标是"我到某年某月某日（6个月内）将体重减至70千克"，而行动计划却是关于提升公司业绩的，那就没有直接的关联。又或者行动计划中只有2个月的计划是关于减肥的，倒不如把目标完成时间直接设定为2个月。当然，你可以把目标分设为几个不同方面的小目标，上述提及的只是目标和行动计划是否有联系或一致。

Trackable（可检视的）

在不同阶段，要根据行动计划的特征设定检视点。当你觉得自己偏离了方向，或想调整前进的速度，或有了新的体验和发现时，可以及时修正行动计划。如目标是"到某月某日（1个月内）将体重减至70千克"，并不是指到1个月结束时才去称体重，你可以天天称，也可以一周称一次，在行动计划中应该设定明确的检视点。

参考文献

[1] BANMEN J. Using the satir model, working effectively with suicidal clients (training manual)[M]. Hong Kong : The University of Hong Kong, 2004.

[2] COREY G. Theory and practice of counseling and psychotherapy[M]. Belmont, CA : Wadsworth, 2000.

[3] EGAN G. Skilled helper: a problem-management approach to helping[M]. Belmont, CA : Wadsworth, 1997.

[4] FIEDLER F. A contingency model of leadership effectiveness [M]//BERKOWITZ L. Advances in experimental social psychology. New York : Academic Press, 1964.

[5] FRENCH J, RAVEN B. The bases of social power[M]// CARTWRIGHT D. Studies in social power.

Ann Arbor : University of Michigan，1959.

[6] SPECTOR P. Industrial and organizational psychology: research and practice[M]. New York : Wiley, 2003.

[7] ROGERS C. The necessary and sufficient conditions of therapeutic personality change[J]. Journal of consulting psychology，1957，21（2）：95-103.

[8] 黄荣华，梁立邦. 人本教练模式[M]. 北京：北京联合出版公司，2017.

[9] 叶椒椒. 工作心理学[M]. 台北：五南图书，1995.

[10] 徐西森. 商业心理学[M]. 台北：心理出版社，2002.

[11] 金伯杨. 感召营销：口碑传播的内在诀窍[M]. 北京：经济科学出版社，2005.

[12] 杨明. 漫画：世界名言[M]. 广州：广州出版社，1998.